Gestión Del Tiempo

Actividades y ejercicios productivos relacionados con la gestión del tiempo y la puntualidad para todas las edades

I0385353

(Libere su potencial con consistencia y eficacia)

Xabier Trujillo

TABLA DE CONTENIDOS

La Razón Por La Que Muchas Personas Fallan Es Porque No Rompen Todas Las Normas. 1

¿Cuál Es La Definición De Diseño De Estilo De Vida?..................6

Requiere Una Lista De Tareas Mejorada. 40

Alejarse De Distracciones Y Posponer Tareas 43

"Una Rutina Puede Mejorar La Gestión Del Tiempo". 48

La Psicología Del Tiempo 66

Aprenda A Delegar Y Subcontratar Para Mejorar Su Gestión Del Tiempo. 76

¿Cómo Puedes Obtener Tu Propio Éxito? 90

El Método De Gestión Del Tiempo De Posec _____ 97

La Estrategia De Gestión Del Tiempo De Posec _____ 102

Educar A Los Niños Sobre Su Estrategia Económica 120

La Razón Por La Que Muchas Personas Fallan Es Porque No Rompen Todas Las Normas.

Si no puedes encontrar un modelo de éxito válido, haz lo contrario a todo el mundo porque las masas suelen estar equivocadas. Earl Nightingale dijo esto, creo.

Reflexionando brevemente, es evidente su veracidad. Romper o cambiar las reglas no significa violar la ley. Esto se relaciona con el punto anterior.

Es hacer algo que no se espera, algo no convencional o que vaya en contra de la tradición establecida. Entiendo que mis escritos son controvertidos y esa es mi intención.

No espero que aceptes todo lo que se ha escrito aquí como la verdad absoluta. Si tienes diferentes opiniones o desacuerdos, está bien. No busco persuadirte de nada, solo si alguna opción te resuena para sentirte bien, he logrado mi meta.

También, notarás que menciono mi experiencia personal con frecuencia. No pretendo ser tu guía espiritual y hacer que creas que todo es genial, no sigo la corriente del pensamiento positivo.

No tuve una vida perfecta debido a que mi familia estaba fracturada desde el inicio. Mi padre emigró a los Estados Unidos cuando era niño y estuvo ausente durante años.

Mi madre nos llevó a casa de mi abuela y ya no volvimos. Vivimos con mis abuelos y nunca regresamos a vivir con mi madre tras su segundo matrimonio.

Pasé mucho tiempo sintiendo resentimiento, angustia y culpando a otros por mi vida sin rumbo.

Probablemente te preguntes la razón detrás de mi relato. Estoy siendo sincero y te aseguro que al dejar mi escepticismo, he logrado construir la vida que deseaba.

Si hubiera seguido los caminos de la mayoría, no estaría aquí y no estarías leyendo esto. Estaría más resentido, frustrado y herido.

Sí estás al borde del abismo, aguanta y haz algo diferente para salir de ahí. No te dejes seguir afectar por las cosas que no tienen solución. En la era tecnológica actual, busca información beneficiosa y encuentra un mentor apropiado para desafiar el status quo.

Empresas exitosas rompen normas establecidas en su sector.

Al lado de estas líneas, puedo relatar la historia de personas que lograron su trabajo ideal incumpliendo las normas y obtuvieron empleos que exigían mayor formación y experiencia.

Algunas personas no solicitan empleos debido a su falta de experiencia o formación, mientras que otras sí lo hacen a pesar de ello.

"A pesar de la falta de cualificaciones, aquellos que solicitan un trabajo utilizan una frase que refleja su actitud ganadora".

No puedes ganar si no arriesgas. Responder a la oferta sin costo alguno no implica ninguna pérdida.

Tanto a nivel individual como empresarial, se puede alcanzar el éxito y objetivos notablemente innovadores al realizar acciones nunca antes vistas.

En resumen, no temas salirte del camino. Deja de imitar a los demás. A simple vista se aprecia que las masas fracasan y cometen errores frecuentemente. Ten el coraje de experimentar algo nuevo. Algo para sobresalir de la multitud.

¿Cuál Es La Definición De Diseño De Estilo De Vida?

El concepto de diseño de estilo de vida ha sido popularizado recientemente por Tim Ferriss y su libro The 4 Hour Workweek. Diseñe su estilo de vida deseado y ajuste su trabajo en consecuencia. En vez de escoger un trabajo y adaptar tu estilo de vida a él, hazlo al contrario.

Esta es la forma lógica y esperada de proceder. ¿Por qué sacrificar su estilo de vida por más horas de trabajo y cumplir con una empresa? No tiene sentido.

El problema es trabajar duro durante mucho tiempo. Creemos que así podemos asegurar.

Nos retiraremos con seguridad y viviremos la vida que queremos.

En resumen, está postergando su felicidad. Si espera vivir su estilo de vida deseado, estará demasiado viejo para disfrutarlo.

Algunos creemos que seremos exitosos si nos esforzamos mucho y conseguimos lo que deseamos. Sin embargo, esto suele ser incorrecto. ¿Qué planea hacer cuando tenga éxito? Posiblemente disfrutar de un hogar mejorado, quizá viajar y dedicar más tiempo a actividades recreativas... Todas estas cosas no requieren mucho dinero. Con su presupuesto actual, puede vivir el estilo de vida que ha estado esperando. ¿Realmente te hará feliz tener que gastar tanto dinero en un auto deportivo lujoso?

Puede obtener un yate con tripulación a un precio asequible y compartir los costos con amigos para disfrutar de un viaje en él.

Viajar se está volviendo más económico

Pregúntese cuál es su prioridad en la vida y busque un trabajo que la respalde en lugar de enfocarse en lo que cree que lo llevará a la riqueza o éxito. Los profesores pueden viajar y conocer el mundo durante las vacaciones de verano, lo que es beneficioso para aquellos que disfrutan viajando.

También puede optar por ser un recolector de basura a pesar de las limitadas oportunidades laborales. Es un trabajo bien remunerado que requiere levantarse temprano, pero le deja el resto del día libre para hacer lo que desee. Esto puede implicar ejercitarse y mejorar la condición física, o simplemente pasar más tiempo con la familia.

Alterar la Mentalidad Laboral

Existen trabajos flexibles que permiten horarios convenientes. Buscar trabajos con horarios flexibles permite registrarse y volver a casa dos horas antes.

¿Qué tal buscar un trabajo remoto? ¡Por ejemplo, hay algunos trabajos de asesoramiento que le permiten trabajar a través de Skype!

Podría trabajar 4 días a la semana en su trabajo actual y usar asesoramiento en Skype para compensar la pérdida de ingresos.

Puede trabajar en dos empleos a medio tiempo según su necesidad y horario, eligiendo los trabajos adecuados para usted.

No te definas solo por tu carrera.

Muchos no quieren trabajar como recolectores de basura porque no es un trabajo que ofrezca desafíos o progreso profesional.

Pero, ¿por qué su satisfacción debe provenir exclusivamente de su trabajo? ¿Por qué no tener un proyecto paralelo y perseguir tus verdaderos intereses?

Si disfruta de trabajos relajados y busca tiempo para trabajar en sus proyectos creativos, puede considerar trabajar en una tienda de conveniencia durante el día y luego sumergirse en su novela o pinturas por la noche.

¿Trabajas en la tienda? No, es pintor. Podría ganar lo suficiente con la pintura para dejar su otro trabajo.

Mientras tanto, puede gozar de una vida serena con suficiente tiempo y energía para activades de su agrado. Aún pinta, por lo tanto sigue siendo pintor.

No crea que su trabajo está directamente relacionado con su salario y riqueza. ¿Desea aumentar sus ingresos sin comprometerse con mayores obligaciones laborales? ¿Por qué no vender tu arte o escritos en línea? Podría optar por ser profesor de piano o realizar trabajos de jardinería y peluquería para su vecindario.

No piense que solo trabajando más horas en un empleo desagradable conseguirá lo que desea en la vida.

Un consejo adicional es tomar varias vacaciones breves en lugar de una larga. La falta de recursos y el temor a alejarse de sus seres queridos impiden a muchas personas convertir su anhelo de viajar en realidad.

¿Por qué no tomarse un mes de pausa en la carrera para viajar? ¿O ahorrando todas sus vacaciones anuales durante tres semanas? Los empleadores pueden ser flexibles si habla con ellos.

"¿Por qué no hacer viajes cortos en fines de semana largos durante todo el año?".

Puede disfrutar de algunas cosas increíbles durante tres días seguidos. Los vuelos son cada vez más económicos, lo que probablemente no requerirá un gran costo, pero los recuerdos que se crearán harán que valga la pena.

Gestión Del Tiempo

La calidad del trabajo está relacionada con el tiempo dedicado a la tarea. Es recomendable dedicar de 2-3 horas de estudio fuera del aula por cada hora de clases tomadas. Un estudiante a tiempo completo con una carga de 15 horas de clase a la semana debe hacer entre 30 y 45 horas de tareas cada semana.

Es un gran cambio, especialmente si se tuvo un rendimiento inferior en el instituto o durante los primeros años universitarios. Esta estimación refleja el tiempo efectivo de aprendizaje. No es definitivo. No dudes en abandonar el capítulo si lo entiendes después de media hora. La clave es reservar este tiempo únicamente para estudiar. Acabar antes de lo planeado es beneficioso.

Sin embargo, no debes abandonar tu tiempo personal completamente debido a esta cifra. El tiempo personal es importante. Incluso con un trabajo a tiempo parcial, necesitas reservar tiempo para el ocio y tu propio bienestar, sin que esto afecte negativamente a tus estudios.

Podrías comenzar con el 10% de tu semana, es decir, 17 horas. Es fundamental dedicar el tiempo necesario a las tareas escolares y a actividades extracurriculares para lograr el éxito académico y mantener una vida equilibrada.

Permita interrupciones en su horario. Esto implica tener horarios con espacios vacíos o ser flexible para manejar interrupciones. A menos que algo imprevisto ocurra, tendremos tiempo para hacer lo que teníamos planeado para mañana.

Planifique las tareas temprano en el día para evitar retrasos causados por eventos inesperados como reunirse con un amigo o ayudar a un compañero de piso con su trabajo. Deberes deben ser incluidos en la rutina diaria. Los estudiantes del estudio afirmaron que hacer tareas era su principal manera de disminuir el estrés.

Adelántate y completa tus deberes para reducir el estrés.

Recuerda incluir tiempo para hacer lo que deseamos en nuestra agenda diaria, en vez de solo una lista larga de tareas. Tener motivación diaria es saludable para nuestra mente y evita el cansancio.

Nuestra agenda puede resultar abrumadora en algunos días. Si es así, enfóquese en una tarea a la vez y evite distracciones todo el día. Las tareas del día se completarán muy rápido, lo cual nos sorprenderá.

De manera inevitable, deberá modificar su planificación y su gestión del tiempo. Los problemas de tiempo varían en su previsibilidad y controlabilidad. Ante lo incontrolable, conserva la serenidad y retoma la actividad cuanto antes. Afronta de manera firme los problemas de tiempo controlables y predecibles para no obstaculizar tus metas.

Para gestionar el tiempo, es necesario autogestionarse. Después de un tiempo, la autogestión se convierte en un hábito diario.

Observa cómo usas tu tiempo.

No postergar las tareas por hacer. No postergues las tareas y proyectos.

-

Reserve suficiente tiempo durante el día para realizar actividades placenteras, comer y dormir. Es provechoso descansar adecuadamente para aquellos con un horario activo.

Delega tareas que no requieren tu atención.

Usa tu tiempo sabiamente. Si tomas el autobús, prevé leer durante el trayecto.

Ir un día por delante es una gran estrategia para la gestión del tiempo. Permanecer un día adelante de tus clases te hará la vida más fácil, aunque algunos pueden quejarse de esta afirmación.

En el inicio de tus clases, los profesores te proporcionarán el programa de estudios, el cual es fundamental.

Tal vez nunca recibiste un plan de estudios en la escuela secundaria. No conocías las tareas o lecturas para las próximas dos semanas. Si el plan de estudios universitario es bueno, lo percibes. ¿Por qué es importante? Es el elemento esencial para tener el control de tu tiempo.

Supongamos que es el inicio del curso. Tú obtienes el plan de estudios de biología. En la mayoría de las ocasiones, el primer día de clase no se inicia propiamente porque el profesor espera que los estudiantes realicen cambios en sus horarios. Observas tu programa de estudios y encuentras una conferencia sobre el primer capítulo de tu libro costoso de 189,99 dólares en la próxima sesión de clases. En este instante decisivo, puedes reflexionar:

Ya tengo planeado qué hacer en la próxima clase. Dudo si esta información tiene valor real. ¿Puedo usarla a mi favor?"

Mucha gente ignora el programa de oro y no hace nada hasta el próximo periodo de clase.

El siguiente período de clase es en dos días y no has leído el capítulo uno, pero el profesor lo discutirá de todas formas. Imagina tomar apuntes en clase utilizando la antigua tradición. Todo el mundo lo hace, al fin y al cabo...

Intentar copiar transparencias o palabras no te ayudará a absorber el material.

Si tomas notas excelentes, las guardas en tu carpeta o mochila para usarlas en la próxima clase. Tomas apuntes, los agregas a la pila y en poco tiempo acumulas muchos. Y ya está.

Un examen o prueba se aproxima sin que te des cuenta, así que estudias intensamente tus notas. Debes reservar suficiente tiempo en tu agenda para revisar la información anterior y estar en buena forma para el examen. Hay una forma mejor.

Supongamos que decides avanzar un día. Tras el primer período de clases, decides adelantar un día tras una conversación con uno mismo (aunque sé que esto puede resultar difícil ya que la primera semana es más de diversión que de trabajo).

Programa un tiempo el lunes por la tarde o martes para leer el primer capítulo, dado que hoy es lunes y la próxima clase es el miércoles. Puedes tomar notas, subrayar o crear fichas para las definiciones (las fichas se discutirán más adelante).

Cuando empieza la clase el miércoles y tu profesor habla, sabes al menos de qué está hablando. No es necesario que copies definiciones de las transparencias porque las encontrarás en el libro y las recordarás haber leído. En vez de copiar apresuradamente como tus compañeros confundidos, solo escucha atentamente al profesor.

Tus clases se convierten en tu sesión de repaso personal, lo que te permite estar más preparado para el examen. Si olvidas algo que el profesor menciona, toma apuntes cuidadosos. El tema puede estar ausente en el libro o no haber sido comprendido completamente en la primera lectura, lo que puede significar que el profesor lo incluirá en el examen.

Hacer esto al inicio de cada clase te mantendrá en forma. Al estar un día adelantado, trabajarás al mismo ritmo que los demás pero con una ventaja de un día. Las clases no serán memorización de apuntes, sino repasos simulados.

La mayor dificultad es evitar la pereza y aprovechar ese día como un margen de seguridad. No puedes retrasarte porque ya estás adelantado. Perder un día dificulta la recuperación en el semestre, ya que las clases se acelerarán. Si avanzas en la primera semana, será más fácil después.

Siempre hay excepciones a cualquier regla. Algunas clases son más difíciles que otras y puede resultar muy complicado tener éxito en ellas debido a la falta de material adecuado o a su dependencia de fuentes de lectura externas al libro.

Algunas clases pueden ser difíciles y no hay problema si no puedes ponerte al día en uno o dos días. Adelantarte en otras clases te beneficiará en Microeconomía.

Si la lectura de tu libro no te ayuda, habla con tu profesor. Si descubren que realmente estás tratando de adelantar un día, además de los inevitables problemas que seguirán, estarán dispuestos a ayudarte. Los profesores apoyan a los estudiantes comprometidos con éxito académico.

Es posible que algunas clases tengan un 'paquete de apuntes' con copias de los transparentes y apuntes utilizados por el profesor. Podría ser una trampa. No permitas que esos apuntes te incentiven a ser apático. No subestimes la importancia de esa clase, incluso si tienes todo el material: revisa los apuntes de la clase un día antes y así podrás repasar todas las sesiones por tu cuenta.

Esto no asegura tu éxito en la universidad.

Cada individuo aprende de manera distinta. Intenta estas sugerencias y evalúa si te brindan más tiempo que otras técnicas como repasar, formar grupos de estudio, hacer yoga, etc.

Controlar otras áreas de tu vida te ayuda a gestionar mejor el tiempo. La organización es crucial en este contexto.

La organización ayuda a enfocarse y disminuir el estrés.

10 tips para que tus hijos aprendan a manejar su tiempo

¿Cómo preparamos a nuestros hijos para tener éxito durante todo el año escolar y más allá, además de programar chequeos anuales y hacer compras de regreso a clases? Al enseñar a nuestros hijos a manejar su tiempo de manera efectiva.

Fijar hora para dormir.

Antes del inicio de las clases, establezca una rutina regular de sueño para sus hijos con una o dos semanas de anticipación. Los niños de 5 a 12 años precisan dormir de 10 a 11 horas diariamente. Fijar un horario adecuado para dormir y respetarlo.

Transforme la rutina de su hijo en un checklist.

Esta opción es la más efectiva para reducir el estrés familiar semanal. En el año escolar, la mayoría de los niños siguen una rutina diaria estándar que incluye vestirse, bañarse, entre otras actividades. Colabore con sus hijos mediante la elaboración de una lista personal de tareas que abarque tanto el cuidado personal como aquellas adecuadas a su edad, en lugar de acosarlos para que cumplan con sus deberes. Haz que completen sus tareas con responsabilidad. Envíe a la tabla las frases 'pero no lo sabía' y '¿qué debo hacer ahora?' No más excusas.

Anime a los niños a crear sus propios calendarios.

Colabore con sus hijos para incluir actividades escolares en un calendario virtual o físico y así facilitar la transición de regreso a la escuela. Mientras más temprano aprendan los hijos sobre el calendario, más autónomos serán y menos dependerán de usted (¡lo cual es positivo!).

Haz que el tiempo trabaje para ti.

Es posible que sus hijos sepan decir la hora, pero podrían no comprender su relevancia. Enseñe a medir el tiempo necesario para las tareas con un reloj para desarrollar su conciencia del tiempo.

Enseñar a los niños la planificación.

Planificación es necesaria para salir de la casa preparado y a tiempo. ¿Su hijo debe empacar la tarea o entregar un formulario de permiso? ¿Precisa ropa deportiva para después del colegio? ¿Cuándo debe empezar su hijo a prepararse para salir puntualmente? Comparta un itinerario detallado con tareas y horarios para asegurar la puntualidad de todos al salir.

Establecer horarios de comida.

Tener horarios regulares de comidas fijas para la familia ayuda a la organización del tiempo y a disfrutar del tiempo juntos.

Imponer normas respecto a los dispositivos electrónicos (adiós, iPad durante la noche).

Sabemos que estar constantemente frente a las pantallas durante las 24 horas del día no es beneficioso. Es recomendable fijar una hora específica para apagar todas las pantallas por la noche, además de establecer reglas sobre el uso de la tecnología, incluyendo el qué, cuándo y cuánto. Sí, los padres también.

Establecer un área de investigación.

A los niños les conviene contar con un espacio específico para estudiar sin distracciones. ¿Tienes un plan para los documentos escolares que llegan a casa? Debe conservar algunos y borrar otros. Planea la gestión del flujo de papel.

Permita a sus hijos manifestar sus inquietudes.

Permita que sus hijos expresen sus preocupaciones acerca del regreso a la escuela. Las nuevas expectativas de los maestros, las reglas o una nueva escuela pueden causar ansiedad. Tras expresar sus inquietudes, reflexionen sobre resoluciones. Tener un plan puede aliviar los miedos y hacer que la transición sea más fácil para todos.

Sea un entrenador, no un gerente.

El regreso a la escuela aumenta las obligaciones y las posibilidades de conflicto padre-hijo. Puede cambiar su mentalidad, del papel de gerente de sus hijos al de entrenador. Fastidias a tus hijos como gerente por tu responsabilidad en los resultados. En ese punto comienza la lucha por el poder. Como entrenador, usted actúa como un forastero que provee guía y respaldo. Empodere a sus hijos con acciones y déjeles tomar sus propias decisiones, sin importar si son acertadas o no. Liberador para todos y fortalece la autoestima de los niños a largo plazo.

"Ejercicios y técnicas para mejorar la productividad y administrar el tiempo del equipo".

Las actividades de administración del tiempo enseñan cómo administrar mejor el tiempo y aumentar la productividad, tanto individualmente como en grupo.

En este capítulo, examinaremos 17 métodos para gestionar el tiempo que pueden emplearse con empleados u otros grupos para mejorar su eficiencia.

La jarra de mayo

Hacer las tareas más importantes primero queda demostrado por la actividad de la jarra de mayo.

Tienes un frasco vacío y diferentes tamaños de rocas, arena, grava y agua.

El orden de los objetos influye en la cantidad restante de otros elementos que puedes poner. Comienza con las rocas grandes para encajar todo, luego agrega arena y un poco de agua si es necesario.

Delegación de habilidades prácticas

Con un nuevo asistente, se pueden delegar algunas tareas.

El grupo se compone de tres roles: delegado, empleado y observador. El delegador practica la delegación, mientras que el observador tiene una hoja para proporcionar comentarios sobre el desempeño del delegador y las formas de mejorar las habilidades de delegación. A cada persona se le asigna un turno.

Tratar con las distracciones.

Las distracciones matan la productividad.

En esta actividad, usted reconoce sus distracciones y halla soluciones para superarlas.

Puede realizar un seguimiento de su tiempo durante unos días como alternativa. Claro, puedes identificar distracciones en tu vida.

escribanos. Después idearemos soluciones para vencerlas.

Si trabajan en grupo, colaboran como clase o en equipos. Anota tus distracciones y luego debátelas con las soluciones.

Tiempo al cuadrado

A cada persona se le asignan 3 páginas con 24 cuadrados, cada uno representando una hora del día.

En la página inicial, los participantes registran sus tareas diarias habituales.

La página dos es para el tiempo improductivo en el trabajo.

En el tercer elemento, combinan todo lo de los dos anteriores. El espacio vacío restante es tiempo productivo.

Pueden identificar lo que reducir o eliminar para incrementar su productividad.

Organizar las tarjetas

Se dividen al grupo en equipos en esta actividad.

Cada equipo debe ordenar rápidamente una baraja de cartas de acuerdo con las reglas establecidas para una competencia. Tendrán 5 minutos para planificar y practicar antes de llevar a cabo tres rondas.

La planificación, estrategia y delegación son aspectos clave que se aprenden en esta actividad.

Ritmos circadianos

Cada individuo cuenta con una función y un horario en bloques en esta actividad de administración del tiempo. Entonces enumeran su estado de energía durante ese tiempo.

¿Están ardientes, parcialmente cargados o frenando? Ayudamos a las personas a identificar sus máximos y mínimos para optimizar su tiempo.

Wasters de tiempo

El propósito de esta actividad es enseñar cómo evitar perder tiempo.

Cuatro equipos conforman el grupo. Se proporciona a cada equipo un sobre con cuatro tarjetas de índice y una indicación de pérdida de tiempo en su parte posterior.

El equipo dispone de tres minutos para anotar en una tarjeta de índice cómo recuperar el tiempo perdido. Después, el sobre es pasado al siguiente grupo y así sucesivamente.

Cada equipo puede presentar sus resultados y el resto puede votar por los mejores o revisarlos a su manera.

Listas y prioridades

Tiene una lista de tareas con puntos variables en esta actividad.

El grupo se fragmenta en equipos y dispone de 10 minutos para culminar las labores. Después, cuentas los puntos. Después se debaten sus prioridades y así continúan.

Desafío del rompecabezas

Forma equipos en tu grupo y asigna un rompecabezas para resolver.

La "imagen general" no es lograda a pesar de esto. Tras unos minutos, les cuestionas sobre las dificultades y faltantes. Tal vez digan que no tienen la imagen correcta. Les entregas a ellos.

El propósito de este ejercicio es demostrar la relevancia de considerar la visión global al planificar y seleccionar nuestras actividades.

Rompiendo malos hábitos

En este ejercicio, se trabaja en parejas. Cada uno anota en un papel lo que les dificulta manejar su tiempo de forma adecuada.

Después colaboran juntos para hallar soluciones. Luego, puede hacer turnos en el grupo con él.

¿Cuánto tiempo es ..

Existen distintas formas de administrar el tiempo de manera efectiva. La idea es demostrar que podemos percibir el tiempo de formas distintas aun teniendo la misma duración.

Indique a cada persona que se levante, se siente o abra los ojos después de un minuto. La mayoría se sienta, se para o abre los ojos en momentos distintos.

As de los espacios.

Tienes dos voluntarios y dos mazos de cartas en esta actividad.

Los voluntarios compiten por encontrar el As de Espadas. El primer mazo está ordenado por palo, mientras que el segundo mazo tiene cartas boca abajo y se encuentra desordenado.

El objetivo es demostrar el impacto de la organización en la efectividad del tiempo y la productividad.

la cinta

El propósito de esta gestión del tiempo es demostrar nuestro tiempo disponible para lograr objetivos en la vida.

Nuestra vida se representa por la longitud de la cinta. Durante la actividad, se recortan partes por días de ausencia por despegue, sueño, comida, enfermedad, etc.

La cinta resultó ser más corta de lo que esperábamos. Demonstra la relevancia de aprovechar adecuadamente el tiempo disponible.

Valor del dinero

Cada individuo divide sus acciones en centros de gastos y beneficios. Después dedican su tiempo a las actividades más valiosas.

Registro de desempeño (actividades realizadas previamente)

Cada persona redacta 10 actividades realizadas el día anterior. Después, en un artículo distinto, exponen cinco temas que esperan tratar en su próxima evaluación de rendimiento. Revisan ambos documentos para alinear sus tareas con la evaluación de su desempeño.

86,400 unidades monetarias o su equivalente en otra moneda:

Se pueden realizar esta actividad de gestión del tiempo de varias maneras.

Puede otorgar $ 86,400 a cada persona o asignar un papel y bolígrafo a un equipo para planificar cómo gastarlo.

Deben gastar todo en un día o se perderá, sin otras restricciones. No puedes guardarlo.

Esto representa nuestro tiempo. Un día tiene 86.400 segundos. Lo que no invertimos con prudencia, lo desperdiciamos. No es posible guardar tiempo para después.

bloques de colores

En esta actividad, se recogen el máximo número de bloques en un minuto usando la mano no dominante por cada persona o equipo. Cada uno les da un punto.

Vuelve a jugarlo con valores de puntos distintos para cada color.

Este ejercicio tiene como fin instruir en la priorización.

Requiere Una Lista De Tareas Mejorada.

La lista de tareas pendientes es casi inútil para los directivos, a pesar de ser considerada una herramienta indispensable para la gestión del tiempo, debido a su estructura y uso.

Como gestor, requieres una lista de tareas eficiente para una estrategia efectiva de gestión del tiempo. Entonces, ¿cuál es el problema con la lista convencional? Muchas cosas.

Al principio, es una lista de tareas a hacer. Haces una lista de todas las tareas que quieres hacer hoy, y es probable que sea muy extensa. No es una lista real, es ficticia.

Algunos elementos toman dos minutos, otros dos horas, y algunos que supuestamente toman dos minutos terminan tardando dos horas. Pero al estar en la misma lista de tareas, ¿cómo establecer la cantidad adecuada de objetivos diarios?

A veces se ignora la sencilla respuesta. Analice su lista con detenimiento, estimando el tiempo necesario para cada tarea y siendo prudente en sus cálculos. Progresa ese tiempo durante el día, y si llega a 15 horas, no lo hagas sin más. Estás asumiendo la derrota previamente y preparándote para el fracaso.

Esta técnica requiere limitar la lista a los elementos urgentes y posponer los demás.

Otro consejo: incluya un "margen de maniobra" en su presupuesto. Estime 30 minutos para la tarea y reserve 45 minutos en su presupuesto. Quince minutos extra pueden reducir el estrés diario.

Programa las tareas del día y trabaja en ellas de manera secuencial.

Ser realistas, los imprevistos pueden interferir en la agenda a pesar de una buena preparación. Contar con una estrategia realista produce sensación de éxito.

Alejarse De Distracciones Y Posponer Tareas

Controlar las horas no es suficiente para manejar adecuadamente el tiempo. Es necesario esforzarse constantemente para evitar la procrastinación. La gente procrastina por varias razones. Para algunos, es un descanso de su actividad actual, un momento de descanso personal. Esto no es negativo. La procrastinación es negativa por su tiempo extra empleado.

La procrastinación interfiere con tu eficacia al permitir distracciones. Es importante minimizar las distracciones al manejar el tiempo correctamente. "Hacerlo aumenta tu eficiencia en el trabajo y en el hogar".

Un día de trabajo típico dura ocho horas, hablemos de ello. Los estudios indican que los trabajadores pasan la mitad de su tiempo procrastinando, lo que significa que solo trabajan 4 horas al día. No funcionará en un entorno de alta demanda y velocidad. Puedes reducir distracciones y aumentar tu productividad al trabajar con algunas estrategias efectivas.

Completar las tareas laborales a tiempo disminuye el estrés y garantiza el tiempo libre en casa.

Distracciones obstaculizan la capacidad de completar tareas sin que uno se dé cuenta, al principio. El móvil es una distracción clave en la actualidad.

Puede suceder en el trabajo, en una cena o al hacer un encargo. Un pitido puede interrumpir tus tareas y hacerte revisar tu teléfono o tableta en vez de concentrarte en lo que estás haciendo. Si estás ocupado, silencia tu celular. Apaga los dispositivos cuando hayas terminado tu tarea, si es posible.

"Elabora un horario para tus compañeros si atender y hacer llamadas telefónicas es parte de tu día a día". Esto les brindará la posibilidad de comunicarse contigo en el trabajo sin afectar tus demás obligaciones. Limítate a hacer llamadas solo durante ese periodo, a menos que sea urgente, siendo disciplinado. Haz que tus conversaciones duren alrededor de quince minutos para ser efectivas.

Emplea la técnica de programación idéntica para tu correo electrónico y aprovecha las etiquetas para categorizar los correos personales, los laborales prioritarios y los de publicidad que sean eliminados automáticamente. Maneja la correspondencia física simultáneamente o de manera similar. Responde de inmediato a toda tu correspondencia, ya sea en formato electrónico o en papel, para eliminarla rápidamente.

Si no tienes el fin de semana libre, planifica tus reuniones laborales y personales para la semana siguiente. De esta manera, podrás solucionar las situaciones que necesiten tu presencia y dedicar el tiempo necesario para involucrar a los demás en los temas a tratar. Si recibes visitas inesperadas, atiéndelas si es posible; si no, declina cortésmente. Rechaza, pero propone un horario alternativo para un encuentro conveniente.

Si tu trabajo implica el uso de Internet y redes sociales, mantente conectado durante todo el día en todos los medios, pero si solo es para entretenimiento personal, desconéctate mientras estés trabajando. No inicies sesión a menos que estés en un descanso. No revises las redes sociales en horario laboral. Tus tareas siempre deberían ser tu prioridad, ya que siempre tendrás algunas por cumplir.

Limita el tiempo que pasas en redes sociales cuando estés en casa. Puedes perder incontables horas en línea sin darte cuenta, tiempo que podrías utilizar para otras actividades como hacer mandados, socializar en persona, o simplemente descansar.

"Una Rutina Puede Mejorar La Gestión Del Tiempo".

Crear una rutina y trabajar con ella es el primer paso para administrar mejor su tiempo. No subestime el valor de las rutinas, ya que al crear patrones de tiempo mejorará su habilidad de manejarlo. Planificar es esencial para crear una rutina efectiva. La forma más sencilla de lograrlo es escribir en un papel todas las actividades y deberes que realiza diariamente. Algunos eventos serán fijos y otros dependerán del día.

Debe estar al tanto de sus actividades habituales. Muchas personas solo se levantan y esperan que el día se desarrolle bien sin hacer nada más. El día es importante y es su responsabilidad maximizarlo. Necesita establecer una rutina para mejorar la administración de su tiempo y aumentar su productividad diaria. Aquí hay algunas maneras de comenzar a manejar su tiempo con una rutina.

Crear un Gráfico
Al trabajar con un mapa en colaboración, podrá obtener tiempo adicional. Un plan te permite ser más productivo que aquellos que no lo tienen. Crear un plan diario te hará mentalmente más preparado y te ayudará a asignar tiempo para tareas específicas si sigues un gráfico.

Para planificar el futuro, es esencial anticipar y registrar todas las tareas y actividades necesarias. Al despertar, no perderá tiempo pensando en sus tareas. Esto puede permitirle comenzar el día rápidamente y ahorrar tiempo valioso.

"No se distraiga con las redes sociales".

Hoy en día hay muchas plataformas de medios sociales, lo cual aumenta las distracciones sociales. Lamentablemente, muchas veces gastamos horas en las redes en vez de enfocarnos en nuestros objetivos debido a la amplia variedad de opciones disponibles.

Al crear una rutina, establezca un límite de tiempo para evitar distraerse con las redes sociales hasta terminar sus tareas. Al evitar las redes sociales y actividades involuntarias, podrá gestionar su tiempo de manera más efectiva a lo largo del día. Usa las redes sociales como premio por lograr tus objetivos diarios y mantener tu enfoque.

Manténgase enfocado
No olvide su rutina por falta de enfoque después de dedicar tiempo a crearla. Se requiere gran concentración para realizar tu programa con éxito. Al

despertar con un plan, mantenga una mentalidad enfocada en él para evitar distracciones.

Las personas hacen rutinas pero no las cumplen, por lo que pierden la concentración y permiten que las distracciones les roben el tiempo. Concentración y determinación son necesarias para seguir su plan diario y mejorar sus habilidades de gestión del tiempo y productividad como empresario.

Reestructurar basado en el tiempo.
Al planificar su día en función del tiempo, considerará posibles eventos imprevistos en su rutina. La falta de planificación de distracciones y eventos imprevistos puede hacer que la gestión del tiempo sea un desafío para muchas personas, provocando sensación de abrumamiento y retrasos. Si reajusta su

horario, podrá cumplir con todas las actividades planificadas del día.

Establecer una rutina sólida puede mejorar su gestión del tiempo de manera importante. Tener una rutina establecida previene la pérdida de tiempo en la toma de decisiones y proporciona una mejor previsibilidad de las actividades diarias. Al establecer una rutina, obtendrá estos beneficios.

Mayores Logros
Un método confiable le permite lograr mayores éxitos en la vida, lo cual es su mayor beneficio. Ahora está utilizando su tiempo de manera efectiva y correcta para mejorar sus posibilidades de éxito.

Más tiempo libre
Establecer una rutina le permite utilizar sus 24 horas en el día para actividades no laborales. Planificar adecuadamente ayuda a tener más tiempo para

actividades divertidas y relajantes, evitando el agotamiento. Administrar el tiempo bien no es trabajar más, sino hacer más en menos tiempo y tener más tiempo libre para disfrutar.

Aumenta la productividad
La eficiencia en la gestión del tiempo aumenta la productividad, según la mayoría de los empresarios experimentados. La rutina tiene como beneficio el asombroso proceso de transformación.

Con una rutina, puede priorizar las actividades críticas al inicio del día y avanzar gradualmente hacia las menos importantes, concentrando así su tiempo y energía de manera efectiva. Trabajar con una rutina aumentará significativamente la productividad del empresario.

Evite la postergación

Evita la dilación al crear hábitos para aprovechar al máximo tu tiempo. Establecer una rutina diaria puede evitar la postergación de tareas debido a la familiaridad con el proceso. Al resistir la tentación de posponer, dominará el tiempo y avanzará hacia sus metas. Postergar resulta sencillo si no hay prisa por alcanzar tus objetivos y careces de un plan en proceso. Hoy, establezca un plan y rutina para mejorar sus habilidades de administración del tiempo y lograr un círculo perfecto.

Sea más disciplinado
El éxito y la disciplina están vinculados, ya que toda persona exitosa es disciplinada y viceversa. Crear hábitos lo ayuda a ser disciplinado y centrarse en lo necesario en lugar de lo que desea hacer.

Nadie logra nada si solo se dedica a tumbarse en la playa tomando el sol y el aire fresco. Debe ser disciplinado para alcanzar sus metas y no comprometerse con nada. Crear una rutina ahora aumentará su disciplina y le dará orgullo por sus logros.

Las rutinas, aunque estrictas al principio, se vuelven cruciales para su éxito empresarial al volverse una parte esencial de su vida diaria. Enfóquese en mejorar sus habilidades de manejo del tiempo mientras avanza en su rutina diaria.

3. ¿Por qué algunas ofertas de empleo buscan personas dispuestas a trabajar bajo presión si la gestión del tiempo es posible?

Hay varias respuestas posibles.

A veces, se ofrecen trabajos de atención al cliente o venta de productos de consumo masivo que requieren lidiar con quejas y objeciones con frecuencia.

La falta de planes estratégicos puede crear un ambiente laboral tenso.

Los cargos superiores no tienen liderazgo ni herramientas para desarrollar al equipo.

El responsable de la convocatoria listó las competencias requeridas tras revisar anuncios similares, la descripción del puesto y la solicitud de personal.

La mejor respuesta sería basarse en la entrevista de salida del empleado anterior para obtener información sobre las habilidades necesarias para el trabajo.

Un aspirante debe saber administrar su tiempo para aportar al crecimiento de la organización.

Si el ambiente laboral es tóxico y estresante, busca otro trabajo con un mejor clima laboral.

4. Cómo la gestión del tiempo efectiva aumenta mi salario.

Administrar el tiempo puede mejorar tu desempeño laboral.

En finanzas, ser productivo crea riqueza en la organización. También te ayuda a mejorar tus actividades y, así, aumentar tu satisfacción laboral.

El mayor beneficio no radica en la remuneración, sino en tu habilidad para detectar nuevas oportunidades laborales o empresariales.

5. ¿Qué trabajos necesitan habilidades sólidas en gestión del tiempo? ¿La

demostración es igual en todos los casos?

Todos los trabajos necesitan una buena gestión del tiempo de alguna manera. Esa habilidad es muy buscada por los empleadores en los anuncios de trabajo debido a eso.

Algunos trabajos requieren habilidades y conocimientos superiores para lograr mejores resultados.

Suelen ser funciones vitales para la producción de la empresa y cualquier retraso puede afectar negativamente otras actividades.

Trabajos en los que la Administración del Tiempo es fundamental

El mercado laboral es cada vez más competitivo, dinámico y exigente.

Hace unos años, bastaba con tener título universitario y prácticas para conseguir trabajo. No obstante, se exigen más y la experiencia es crucial.

La edad es un impedimento para aquellos con experiencia que sobrepasan el límite aceptado.

Todo resulta frustrante en esa situación. Debemos demostrar nuestras habilidades, blandas o duras, para aprovechar una oportunidad de trabajo.

"A continuación, te mostraremos una lista de cargos que requieren una buena gestión del tiempo".

1. Ejecutivo/a de Cuentas

Es el encargado de atención al público en empresas de comunicación, publicidad o marketing.

Por eso, conecta a los (potenciales) clientes con la compañía que ofrece los servicios.

Es un trabajo exigente que requiere buscar clientes potenciales mediante métodos convencionales y digitales.

Después, presentar los beneficios, responder preguntas, entender necesidades, negociar y comunicar avances y atención postventa.

La gestión del tiempo es crucial en este proceso ya que un error puede causar pérdidas si ocurren cambios en un video después de haber pagado por un espacio publicitario o si un plan no se presenta a tiempo durante una crisis en las redes sociales.

2. Teleoperadores

La vida en un Centro de Llamadas es emocionante y muy activa.

En el telemarketing, necesitas captar la atención de los prospectos y presentarles los productos en 10-15 segundos.

La persuasión es crucial en ese procedimiento. Cometer errores, mostrar dudas o no manejar las objeciones del (posible) cliente resultará en la pérdida de una oportunidad de ventas y la necesidad de empezar de nuevo con un cliente distinto.

Es una actividad demandante donde es vital una buena comunicación y gestión del tiempo. Por tanto, se evalúan ambas competencias en los procesos de selección. Si no, se seleccionarían candidatos sin las habilidades necesarias para el puesto, lo cual podría ocasionarles una gran cantidad de desilusiones.

El servicio de atención al cliente también está disponible en un Call Center. Atención al cliente y telemarketing difieren en que uno busca la venta mientras el otro es menos invasivo. El usuario/cliente que llama para resolver un problema.

En tal situación, debes explicar cómo resolver la solicitud del cliente siguiendo las funciones establecidas en el guion.

Es adecuada para personas pacientes y organizadas que buscan trabajar medio tiempo haciendo preguntas y respondiendo.

3. Vendedores virtuales

El comercio electrónico ha creado nuevas oportunidades de trabajo y la adaptación de empleos tradicionales al mundo digital.

Los vendedores virtuales necesitan administrar su tiempo de forma eficiente para responder las preguntas de los clientes y, a veces, cumplir con plazos establecidos para las respuestas.

La distancia entre vendedores y compradores puede ser amplia. Necesitan una cadena logística eficiente para entregar productos a tiempo, seguros durante el traslado y competitivos en precio.

4. Analistas de contratación de personal

El reclutamiento y selección de personal es el subsistema más dinámico del departamento de RRHH. Particularmente, si la compañía posee un gran número de empleados y una alta tasa de rotación laboral.

Esto requiere buscar candidatos, revisar pruebas, contratar empleados, brindar capacitación y evaluar a los graduados de manera periódica.

La gestión del tiempo es clave para controlar los gastos y mantener la operatividad de la empresa en cada una de esas etapas.

5. Analistas/encargados de compras

El encargado de compras en una empresa comparte numerosas responsabilidades con el encargado de reclutamiento y selección de personal.

En ambas posiciones, es necesario buscar, analizar, evaluar y seleccionar proveedores. Así, contarán con todos los recursos necesarios para llevar a cabo las tareas de la empresa.

El analista de compras asegura la calidad de los productos y servicios utilizados en la organización, incluyendo materiales de oficina y otros insumos, independientemente de la denominación y preferencia de la empresa.

Un error en el presupuesto de producción o en el manejo del inventario, retrasos en la orden de compra o en la recepción de la mercancía pueden resultar en pérdidas para una empresa debido a esto.

La Psicología Del Tiempo

Tu autoestima, que se define como el agrado que tienes por ti mismo, influye considerablemente en la calidad de tu vida y está en el centro de tu personalidad emocional.

Su autoestima depende del uso de su tiempo y del aprovechamiento total de su potencial.

La eficiencia eleva la autoestima, y la falta de manejo adecuado la disminuye.

La auto-eficacia es la contraparte de la autoestima. Es el sentimiento de competencia, productividad y capacidad para alcanzar objetivos y resolver problemas.

A mayor competencia, capacidad y productividad, aumentará su autoestima. A mayor autoestima, mayor productividad y capacidad. Cada uno se respalda mutuamente. Quienes manejan su tiempo se sienten positivos, confiados y en control de sus vidas.

La Ley del Control

La "Ley del Control" es el principio base de la psicología del manejo del tiempo. Esta ley establece que tu nivel de bienestar se relaciona con el sentimiento de tener dominio sobre tu vida. Esta ley indica que sentirse negativo sobre uno mismo es proporcional al grado en que se percibe falta de control sobre la propia vida o trabajo.

Psicólogos distinguen el "locus" de control interno, donde se siente propietario de su destino, del "locus" de control externo, donde se siente controlado por factores externos.

Si su locus de control es externo, percibe que factores como su jefe, cuentas, trabajo y responsabilidades lo controlan. Siente que tiene poco tiempo y falta de control sobre su vida y agenda. Gran parte de su tiempo lo dedica a reaccionar y responder a estímulos externos.

Auto-determinación y objetivos dan lugar a acciones diferentes de las reacciones inmediatas a la presión externa. Es la distinción entre un sentimiento de poder y optimismo y uno de impotencia y pesimismo.

Para alcanzar su máximo potencial, es esencial tener un fuerte control sobre las áreas clave de su vida profesional y personal.

Sus pensamientos y sentimientos

Cada persona tiene un programa interno que regula su comportamiento en las áreas importantes de la vida, llamado concepto de sí mismo desde el punto de vista psicológico. Las personas que gestionan bien su tiempo se consideran organizadas y productivas gracias a su elevada autoestima. Tienen el control de su vida y trabajo.

Su autoimagen incluye sus pensamientos, fotos, ideas y creencias sobre sí mismo, especialmente en relación a cómo usa su tiempo. Algunos creen ser altamente organizados y eficaces. Algunas se sienten abrumadas por demandas externas constantemente.

Las creencias se vuelven realidad.

¿Cómo se percibe en su habilidad para manejar su tiempo? ¿Considera que es un buen administrador del tiempo? Cree que es productivo y controla su vida y trabajo?

Si se enfoca en ser un buen administrador del tiempo, realizará acciones coherentes con su creencia, sin importar cuál sea esta.

Si cree que puede administrar bien su tiempo, será un buen administrador debido a su coherencia interna y externa.

Si se ve a sí mismo como un administrador de tiempo deficiente, ninguna cantidad de cursos, lecturas o prácticas en sistemas de gestión del tiempo serán útiles.

Llegar tarde y ser desorganizado se convierten en comportamientos automáticos si son hábitos desarrollados. Si no cambia su percepción de su habilidad y productividad, su capacidad para manejar su tiempo permanecerá igual.

Tome una decisión

¿Cómo crear creencias positivas acerca de sí mismo y de su productividad personal?

Afortunadamente, no es difícil. Utilice las cuatro 'D' previamente mencionadas: el deseo, la decisión, la determinación y la disciplina. Es crucial decidir adoptar un hábito personal, como llegar puntual a todas las futuras reuniones.

Los cambios en su vida ocurren cuando decide tomar una acción clara y definitiva para hacer algo distinto.

Decidir ser un buen administrador del tiempo es el paso inicial crucial.

Programar su mente

Si quiere ser altamente productivo, puede practicar diversas técnicas de programación personal una vez que tome la decisión.

Modificar su autodiálogo sería la solución. La mayor parte de las emociones y acciones resultan de la auto-habla del individuo, que representa el 95% de este efecto.

Diga en voz alta: "Soy una persona bien organizada y altamente productiva". Cuando se sienta abrumado con trabajo, tómese un descanso y dígase a sí mismo: "Soy organizado y productivo".

Si le preguntan acerca de su uso del tiempo, diga siempre sin dudarlo: "Soy excelente administrando mi tiempo".

Cada vez que menciona estas palabras, su subconsciente las convierte en una orden que lo impulsa y dirige para que se convierta en una persona organizada en su conducta.

"Visualice su mejor versión personal".

Otra forma de cambiar su comportamiento es imaginarse como un gran administrador de tiempo. Sea ordenado, eficaz y tenga el control de su vida. La persona que reflejamos por fuera es quien somos por dentro.

Cómo cambiar tu comportamiento si ya eres organizado y productivo? ¿Cómo se comportarían diferente hoy en día?

Forme una imagen de usted mismo como alguien sereno, confiado, muy competente y capaz de finalizar múltiples tareas en poco tiempo. Perfeccione la técnica constantemente

Imagina una persona altamente productiva. ¿Tiene el escritorio ordenador? ¿Sería usted una persona relajada y tranquila?

Debe visualizarse como alguien que domina su tiempo y su vida.

Actuar "como si..."

Actuar como si ya fuera un buen administrador del tiempo es la tercera forma de programarse.

Considérese bien organizado en todo lo que hace. ¿Cuál es su comportamiento si ya manejaron bien su tiempo? ¿Cómo estarían haciendo las cosas de manera distinta?

¿Cómo cambiaría su enfoque actual para mejorar su productividad personal con el tiempo?

Aún si no se considera buen administrador del tiempo, fingirlo generará una sensación de eficacia personal.

Con esta técnica, se pueden cambiar acciones, hábitos y comportamientos de manera efectiva. Simula hasta lograrlo.

Continúa leyendo, hay más por descubrir. El próximo capítulo amplía eficazmente estas herramientas.

Aprenda A Delegar Y Subcontratar Para Mejorar Su Gestión Del Tiempo.

Como propietario de un negocio, eres responsable de todas las áreas, desde el marketing hasta el servicio al cliente y la creación de listas, entre otras. Delegar y subcontratar son esenciales para obtener tiempo libre de su negocio y evitar la sobrecarga de trabajo. Los dueños de negocios que intentan hacer todo sin ayuda eventualmente se cansan y fracasan. Trabajar continuamente puede distraer de la mejora del negocio y la expansión de la clientela. Siempre que intente hacer todo solo, puede perjudicar su empresa, por lo que es esencial delegar tareas para enfocarse en aspectos más importantes.

Dominar la habilidad de asignar tareas a otros

Delegar es fácil y beneficioso para el éxito de su empresa. Analiza y determina las tareas diarias que pueden delegarse, los pasos y el nivel de exigencia requerido, y elige al mejor candidato para realizarlas. Asegure que la persona designada para la tarea tenga o pueda adquirir las habilidades necesarias. Para delegar tareas, es importante responder estas preguntas previamente.

¿Qué tareas y actividades puedo asignar a otros?

¿Cuál es el procedimiento a seguir para terminar la tarea?

¿Quién tiene la mejor calificación para hacer la tarea?

Tiene la capacidad y el tiempo para realizar la tarea?

¿Puede hacerse cargo de las responsabilidades que implica hacerlo? tarea?

¿Qué resultados espero al completar la tarea?

Para delegar con éxito, es importante planificar y pensar en el proceso con tiempo antes de comenzar. Delegar sin planificación conduce al fracaso, un error común en los emprendedores. Es crucial planear la delegación de la tarea y definir las expectativas del resultado final.

Es vital establecer objetivos claros al delegar: necesidades, plazos y resultados esperados. Si los delegados no comprenden sus responsabilidades, serán menos productivos y se desmotivarán. Explicar las tareas con claridad es esencial para lograr resultados satisfactorios.

Externalización de labores para optimizar uso del tiempo

La subcontratación es para todas las empresas, no sólo las grandes. Actualmente, las pequeñas empresas utilizan este recurso para mejorar el crecimiento y la gestión del tiempo. La subcontratación permite contratar profesionales sin invertir en capacitación o equipos, para realizar tareas que no sabe o no tiene tiempo para realizar.

¿Por qué contratar a terceros?

El gasto y el activo más valioso de su empresa es su personal. El éxito o fracaso de su negocio depende de la combinación de factores como el número de personas empleadas, sus habilidades, costo y motivación. Tener personal adecuado, en el momento justo y a un costo conveniente, da ventaja competitiva.

La subcontratación ofrece muchas ventajas para su empresa. Tendrá la libertad de enfocarse en hacer progresar su negocio. Al subcontratar, evitará realizar tareas para las que no tiene los conocimientos o habilidades necesarios.

Puede delegar el trabajo a un freelance o una agencia especializada. Reducir errores aumentará eficiencia, velocidad y productividad. La subcontratación resulta más rentable, lo que beneficia el ahorro financiero de su empresa. La subcontratación puede otorgar una ventaja competitiva al permitirle centrarse en los aspectos más importantes de su negocio al liberar más tiempo.

Subcontratable tareas

Puede delegar todas sus tareas, ya sean servicios web, administrativas, de creación de contenido o nóminas, a otra persona que pueda realizarlas de manera más eficiente. Puede externalizar labores y proyectos recurrentes y laboriosos que son fundamentales para el adecuado funcionamiento de su empresa. Algunas tareas pueden ser subcontratadas para mejorar la productividad y ahorrar tiempo.

Entrada de datos.
- Edición
- Labores de contabilidad

Administración de presupuesto

Manejo de páginas web

mercadeo por Internet

Manejo del correo electrónico
• Manejo de solicitudes de compra
Servicio al Cliente.

La externalización y la delegación son opciones eficientes para aumentar la productividad y alcanzar resultados sorprendentes. Puede ahorrar tiempo y aumentar la eficiencia mediante la delegación y subcontratación.

GESTIÓN DEL TIEMPO HERRAMIENTAS

Hablemos aquí de las herramientas para gestionar tu tiempo antes de seguir adelante. Usa las herramientas según tus preferencias y circunstancias (facilidad de uso, compatibilidad, coste). Seguir usando libreta y bolígrafo es tan ineficiente como lavar ropa a mano en lugar de usar lavadoras.

Una agenda física es necesaria para la organización del tiempo. Posibilitan la planificación, organización, priorización y recuerdo. Tal vez creas prescindir de una debido a la escasa cantidad de tareas o a tu buena memoria. Pero te equivocas. Las tareas deben ser priorizadas, planificadas y programadas para ser completadas adecuadamente en orden y tiempo. Será difícil sin programar el calendario. Apuntar tareas en la agenda reduce el estrés y libera la mente de preocupaciones. Las agendas físicas presentan ventajas económicas, diversos diseños y tamaños y son manejables; sin embargo, también tienen desventajas. Exactamente, ambos tipos de agenda de los que hablaré ahora no sirven para lo que deberían.

Las agendas electrónicas permiten la sincronización con el ordenador, establecer alarmas y repeticiones automáticas, elegir colores para cada tarea y recordatorios. Son útiles año tras año ya que cuentan con infinitos calendarios y permiten programar tareas anuales para ahorrar tiempo. No recomendaré marcas específicas ya que cada agenda tiene características y precios personalizados para cada usuario.

Puedes realizar casi todas las tareas en línea con las agendas virtuales disponibles actualmente. La disponibilidad de dispositivos móviles y la proliferación de aplicaciones y herramientas en línea gratuitas han mejorado la capacidad de las personas para gestionar su tiempo de manera efectiva. Entre ellas, las agendas. "Mira mi video en el canal "Te Ayudo a Emprender" sobre cómo utilizar "Weekly planner" si te resulta útil". La mayoría de los ordenadores incluyen aplicaciones preinstaladas para la gestión de tareas, como Calendars, Outlook o Lotus Notes, sin costo adicional.

La nube: Soy un gran fan de Apple. Tengo todos los dispositivos de marca "i" que me son muy útiles tanto en mi vida personal como laboral. Todo se guarda en iCloud y no puedo olvidar nada. Al anotar una tarea en el calendario de mi ordenador, se muestra automáticamente en mi iPad o iPhone. Ya sea en casa, en la oficina, de viaje o viendo fútbol, accedo rápidamente a mis tareas y recibo alertas de cumpleaños. Al tomar una foto con el móvil, se guarda automáticamente en el ordenador sin necesidad de transferirla mediante tarjeta o cable. Puedo compartir una carpeta en lugar de enviar correos electrónicos para compartir documentos con colaboradores o familiares. La sincronización automática de dispositivos ahorra mucho tiempo.

Hay aplicaciones para prácticamente todo, desde notas y calendarios hasta planificadores. Sólo te diré que poseo una que indica mi consumo de agua diario. Sé que necesito beber al menos 8 vasos para sentirme bien, pero olvido cuando trabajo y a veces dejo de beber. Esta app me permite visualizar ocho vasos o seleccionar mi propia cantidad de consumo. Cada vez que tomo uno, lo elimino y calculo el tiempo restante para beber los demás. Gracias a la aplicación, logro cumplir con mi meta de 8 vasos diarios y he notado la dificultad que tengo para beber agua. Aquí está el enlace por si te interesa, sin recibir pago por promocionarla. Explora la tienda de aplicaciones en busca de aquellas que te ayuden a ser más productivo, como las de programación de ejercicios, gestión de tareas pendientes, programación de proyectos y establecimiento de recordatorios. "Categoría: Productividad".

Las redes sociales tienen una doble cara: puedes ahorrar tiempo o perderlo. Es tu elección cómo y cuándo hacerlo en cualquiera de las formas. Te diré cómo las utilizo para ahorrar tiempo. Hace dos años que vivo en Dublín y me he cambiado de residencia varias veces. Mi familia y amigos están distribuidos por diferentes lugares del mundo. No tengo tiempo para mantener contacto individual con todos ellos a través de correos, fotos y tarjetas navideñas, pero no quiero perder la conexión que tengo con ellos como una parte importante de mi vida. Por lo tanto, utilizo las redes sociales y los grupos de chat. Publico actualizaciones de estado sobre nuestra situación, mi trabajo y los logros de mis hijos, junto con fotos que muestran cómo van creciendo y las actividades que realizamos juntos, además de felicitaciones de Navidad virtuales para todos. No es por narcisismo ni por mostrar cada paso que doy al mundo. Al hacer esto, evito tener que comunicarme con cada persona individualmente para mantenerlos informados. Lo hago con menos cercanía por conveniencia, reservando esa cercanía para encuentros en persona o fechas señaladas. Recuerda el coste de oportunidad: es necesario ceder algo siempre. En Facebook tengo a todos mis amigos importantes, así que no incluyo su número o correo electrónico en mi agenda. Están allí y actualizan sus propios datos. Cuando cambio mis redes sociales, quien los desee puede tomarlos. No los envío individualmente. Facebook me recuerda los cumpleaños al conectarme y es fácil enviar un mensaje rápido para quedar bien. "Mis amigos que no están en Facebook los tengo un poco olvidados".

• Mensajería grupal: igualmente. Puedes usarlos para reducir el tiempo de ciertas tareas o puedes gastar tiempo chateando sin parar. Crea grupos para comunicarte de manera efectiva y eficiente. Mis padres residen en Logroño, mi hermano en Tailandia y mi hermana cambia de domicilio entre Hong Kong, Bangkok, Logroño y Dubai. Tenemos un grupo llamado "Cosas de familia" donde posteamos cosas que son de interés para todos nosotros como nuevos trabajos,

viajes, novedades de cualquier tipo, preguntas, etc... Así lo vemos todos y no tenemos que enviar el mismo mensaje a cada uno de los miembros de la familia..
Coordino viajes con amigos usando un grupo de Whatsapp para comunicarnos.
No use notas adhesivas para planificar o programar tareas. Y menos si son post-its físicos. Me refiero a las notas adhesivas amarillas. ¿No los recomiendo? Si anotas esas tareas allí, se quedarán allí. Recuerda nuestra conversación. Debes dividir las tareas y establecer un plazo para cada una. Posteriormente encontraremos espacio en el calendario, como se mostrará a continuación. No puedes hacer eso en un post-it. No sirven trucos como cambiar el reloj de muñeca o escribir una nota en la palma de la mano para recordar hacer algo. Te habituarás a la nota en la pantalla y dejarás de percibirla. No habrá alarma al vencimiento. No podrás verificar si interfiere con otra tarea. No

es conveniente. Escribe tus tareas en una herramienta de gestión del tiempo como una agenda o calendario para llevar un control adecuado. Utiliza las notas amarillas para hacer anotaciones rápidas, mensajes o apuntar teléfonos u otras cosas similares. Mi recomendación son los post-its virtuales en forma de App. Utilizo Listhings de Google para guardar URL, textos, información, claves, recetas y códigos, excepto tareas.

¿Cómo Puedes Obtener Tu Propio Éxito?

Hay un método probado para que puedas lograr el éxito. La fijación de metas/objetivos. Debes fijar metas y seguir un plan para lograr lo que quieres. Personas quieren éxito, pero no dan pasos.

Puedes cambiar tu vida con tu propio poder. Identifica tus objetivos, establece un plan y trabaja para lograrlos.

Recuerda que eres el arquitecto de tu vida y la consecución de objetivos es la manera de hacer tus proyectos una realidad. Las cosas no suceden mágicamente, requieren de tu compromiso y entusiasmo para lograr tus metas.

Inicia los objetivos en el escritorio, planea cada paso y trabaja hacia su cumplimiento hasta alcanzar la recompensa. Organiza y optimiza tu tiempo para alcanzar tus metas y tener éxito duradero.

Ahora es el momento ideal para visualizar tus metas y planear los primeros pasos hacia su logro. Ver tus creencias y pensamientos transformará tu realidad. "Un problema grave que te despierta intempestivamente en medio de la noche puede provocar estrés e insomnio al preocuparte completamente". Tu cuerpo se enfoca en resolver el problema, hasta tu estómago está involucrado. Tu objetivo es alterar tus pensamientos y creencias mediante la visualización de tus metas. Entrega todo tu ser a esta emocionante aventura.

"Necesitas una meta definida y una línea de tiempo para alcanzarla". Las escuelas de idiomas buscan inmersión total en un ambiente envolvente donde los alumnos estudian, juegan, cantan, ven y escuchan, todo en torno al idioma que desean aprender. Aplicarlo en tu área te llevará a alcanzar tus metas.

Es el momento para imaginar, es como verte en una pantalla. Los deportistas observan a otros practicar para mejorar. Mientras más vislumbres tu objetivo final y los beneficios que conlleva, mayores serán las posibilidades de alcanzarlo. Sólo se puede recibir lo que uno visualiza recibiendo.

Visualiza tanto tus metas como los pasos necesarios para alcanzarlas. Ejecuta diariamente los pasos necesarios para lograr tus metas.

Al comprometerte con tus objetivos y trabajar en ellos, mejorarás tu calidad de vida. Mantén la concentración en este principio básico. El cansancio, el miedo, la duda y las preocupaciones pueden controlar tu mente y arruinar tu éxito.

La falta de compromiso personal impide que mucha gente alcance sus metas. Necesitas un plan y compromiso firme para alcanzar el éxito.

Los enemigos temían y respetaban mucho a los guerreros griegos. Estaban decididos a ganar. La motivación fue clave para el éxito, inspirando compromiso en cada guerrero. Se quemaban los barcos de cada uno al desembarcar. Ver sus barcos transformándose en cenizas eliminaba cualquier posibilidad de retirada. No había vuelta atrás para cada uno. Solo ganando se podía regresar a casa.

Tu mente es la batalla que debes enfrentar. Ser comprometido impide pensar negativamente. El éxito se logra con una dedicación constante y profunda hacia la tarea. Si tienes pensamientos negativos, enfócate en tu éxito y comprométete plenamente.

A medida que afrontas con coraje tus metas, obtienes los recursos necesarios para alcanzarlas. Pero también enfrentarás obstáculos que superar. Comienza ahora mismo si estás decidido. Alcanzar metas requiere acción hoy, no mañana.

Trabajar en equipo aumentará la certeza en esa tarea que debes realizar. Colabora con personas cuyas ideas sean similares a las tuyas para fortalecer la confianza, empatizar y lograr tus metas personales. Conocer personas afines simplifica tu trabajo, lo disfrutas y refuerza el objetivo en mente de todos.

Posponer las cosas dificultará su búsqueda para alcanzar los objetivos, ya que puede dificultarle mantenerse motivado. Si te motivas por el trabajo en equipo, actúa sin detenerte.

Únete a un grupo de personas con objetivos similares si tienes indecisión y falta de propósito para lograr tus sueños y metas. La colaboración con personas que comparten tus ideas facilita alcanzar tus metas.

El Método De Gestión Del Tiempo De Posec

El método Posec es una forma popular y eficaz de gestión del tiempo para muchas personas.

Posec significa priorizar y optimizar recursos para contribuir eficientemente.

Priorizar es dar prioridad a lo más importante. El método Posec se fundamenta en las teorías de Laslow acerca de la "Jerarquía de necesidades". Proporciona al individuo una herramienta realista para priorizar sus necesidades y objetivos únicos en la vida.

Planificar es importante para lograr metas que brinden estabilidad y seguridad personal. Este plan busca cubrir las necesidades fundamentales de las personas: alimentación, vestimenta, alojamiento, protección y, sobre todo, afecto y reconocimiento.

Stream-lining se refiere a las tareas poco atractivas y necesarias como labores domésticas y trabajo. (Esto requiere mantener estabilidad y seguridad personales.)

Economizar implica priorizar entre necesidades y deseos y distinguir los que son urgentes de los que no lo son. (Baja en la lista de prioridades.)

Contribuir implica contribución social. Esto es más factible cuando se cumplen otros objetivos, según Laslow y la psique humana.

Posec proporciona una guía para priorizar objetivos. Este método teóricamente impulsa el ascenso en los gráficos de jerarquía.

"Es recomendable que el aplicador de este método esté al tanto de la investigación de Laslow sobre la "jerarquía de necesidades", ya que está estrechamente ligada con este enfoque de gestión del tiempo".

La gestión del tiempo y el análisis de Pareto

Pareto afirmó que el 20 por ciento de las causas son responsables del 80 por ciento de los problemas.

La regla de Pareto 80-20 puede ser altamente beneficiosa para resolver problemas en cualquier ámbito, incluyendo la administración del tiempo, a pesar de que pueda parecer una teoría compleja y difícil de aplicar.

Identificar patrones en su horario diario que interfieran con la productividad es un paso inicial para aprender a utilizar el tiempo eficazmente.

Podría notar bloques horarios subutilizados al examinar sus registros diarios. Identifique los bloques de tiempo y cambie su rutina diaria.

La regla de Pareto del 80-20 indica que al cambiar el 20% de las causas de problemas en la administración del tiempo, se resuelve el 80% de dichos problemas.

Identifique dos bloques de 15 minutos en su día menos productivo como ejemplo.

Si cambia el uso de estos 2 bloques de tiempo, puede aumentar su productividad en un 80%.

Administrar mejor el tiempo no implica renunciar a su tiempo libre o su disfrute personal actual.

Ayuda a establecer prioridades, eliminar tiempo perdido y obtener más control sobre el uso del tiempo.

La Estrategia De Gestión Del Tiempo De Posec

El método Posec es una forma popular y efectiva de gestión del tiempo para muchos.

Posec significa prioritizar mediante organización, racionalización, economía y contribución.

Priorizar implica establecer las prioridades adecuadas. El método Posec usa Laslow's "Jerarquía de necesidades" teorías como base. Proporciona al individuo una forma realista de establecer prioridades en sus necesidades y metas de vida únicas.

Planear metas para lograr estabilidad y seguridad personal es el propósito de la organización. Este es un plan para cubrir las necesidades primarias de las personas: alimento, vestimenta, alojamiento, seguridad, y sobre todo, amor y aceptación.

Stream-lining se enfoca en los trabajos menos deseables, como tareas domésticas y laborales, que son necesarias para todos. Esto significa garantizar la propia estabilidad y seguridad.

Economizar implica priorizar entre necesidades y deseos. Más abajo en la lista de prioridades.

Contribuir implica contribución social. Esto se vuelve más factible según la comprensión de Laslow de la psique humana: lo que le devuelve al mundo cuando se cumplen otros objetivos.

Posec proporciona una guía clara para priorizar objetivos. Este método debería promover la ascensión de los gráficos de jerarquía en teoría.

Es útil conocer la investigación de Laslow sobre 'la jerarquía de necesidades' al aplicar este método de administración del tiempo.

La gestión del tiempo mediante el análisis de Pareto.

Pareto propuso la regla 80/20, donde el 80% de los problemas provienen del 20% de las causas.

La regla de Pareto 80-20 es útil en la resolución de problemas en cualquier área, incluyendo la administración del tiempo, a pesar de parecer una teoría compleja.

Identificar patrones repetidos en el horario diario ayuda a utilizar el tiempo de manera eficaz y mejorar la productividad.

Al revisar los registros diarios de su tiempo, es posible identificar momentos sin aprovechar. Al encontrar estos bloques de tiempo, empiece a modificar su rutina.

La regla de Pareto establece que al enfocarse en cambiar el 20% de las causas de los problemas en la administración del tiempo, se solucionaría el 80% de dichos problemas.

Identifique dos bloques de tiempo de 15 minutos en su día menos productivo como ejemplo.

Al cambiar el uso actual de estos dos pequeños bloques de tiempo, se podría aumentar la productividad hasta en un 80 por ciento.

Mejorar la gestión del tiempo no implica prescindir del tiempo libre o de las actividades de ocio actuales.

"En contraste, le asiste en establecer prioridades para manejar su tiempo, eliminando la pérdida de tiempo y obteniendo mayor control en la gestión de este recurso valioso".

¿Estás disponible en este momento?
Estamos inmersos en una cultura altamente distraída.
Actualmente, se espera que estemos disponibles en todo momento, tanto en el ámbito laboral como personal. Eso ha llegado a través de la popular mensajería instantánea. MSN Messenger fue muy popular hace unos años. Messenger era un software instalado en el ordenador que permitía la comunicación por medio

de mensajes en tiempo real. No era necesario esperar varias horas o días para recibir respuesta, ya que la otra persona podía responder de inmediato gracias a la tecnología disponible. Hoy en día, contamos con múltiples formas instantáneas de comunicación que han evolucionado.

Pero, ¿esto qué ha generado? Hemos generado la idea de que las personas deben responder de manera inmediata a nuestros mensajes por Whatsapp. Siento que no usa la mensajería instantánea como debería y no me presta atención si no es así.

Esto nos ha llevado a considerar la interrupción y la distracción como algo normal dado que ocurren con frecuencia.

Si creemos poder interrumpir a alguien en cualquier momento y esperar una respuesta inmediata, actuamos en consecuencia. Interrumpimos a quienes nos rodean, incluyendo familiares, colegas y otros. Interrumpimos tareas importantes al recibir notificaciones en nuestro smartphone y responder a mensajes instantáneos.

Necesitamos reducir distracciones e interrupciones en nuestras vidas. Estamos viviendo en un mundo más distraído debido a los elementos mencionados anteriormente.

Cultura de "Snacks"

Es crucial notar que estamos frente a una cultura que está obsesionada con los snacks. ¿Qué es un snack? Un snack es una porción reducida de nuestros alimentos. Las personas solían comprar álbumes completos en diferentes formatos como EP, Long Play, casetes, CD, etc.

La gente adquiría los discos.

¿Qué sucede ahora? Actualmente adquirimos solo canciones individuales en lugar del álbum entero, concretamente la canción popular del momento. Para muchos en el mundo tecnológico, no es necesario comprar álbumes o canciones, ya que se pueden escuchar a través de aplicaciones e internet.

Interesantemente, aún se aplica el mismo principio: ahora no escuchamos el álbum completo, sino solo una canción. Lo observamos también en otras áreas de nuestras vidas.

El famoso snacking también está, por ejemplo, en el mundo de la alimentación. Transforma alimentos nutritivos en refrigerios poco saludables.

Cuando compras papas fritas, estas adquiriendo papas procesadas químicamente.

Eso también impacta directamente en nuestras vidas porque ahora nosotros ya no estamos invirtiendo tiempos dedicados y concentrados de energía y de foco en realizar nuestras actividades importantes, sino que estamos ante el famoso multitasking o multitareas donde, en un mismo período de tiempo, estamos realizando una y otra, y otra actividad.

Es normal distrarse mientras se trabaja en la computadora, independientemente del tipo de trabajo que se realice. Estás ocupado con múltiples tareas, pero no estás progresando en ninguna de ellas a la velocidad deseada. Además, la tarea más importante tampoco está avanzando.

Ver una película es mejor que asistir a un seminario.

Es crucial destacar que estamos inmersos en una cultura de entretenimiento. Preferimos diversión a crecimiento personal. Los conciertos y shows deportivos tienen más ventas de tickets que los seminarios y eventos educativos. Uno de mis mentores me narró una fascinante historia.

En EE.UU. Organizaban un evento para miles de personas con destacados conferencistas para enseñarles a mejorar su calidad de vida, salud, finanzas y relaciones en un gran escenario. Algunas personas que asistieron a eventos previos, incluyendo un tour de desarrollo personal, afirmaron que su vida había sido literalmente transformada por el evento en cuestión. Pero mi mentor argumentó que era muy complicado vender ese evento.

Invertían diez veces más que las cadenas de eventos deportivos y lograban solo una pequeña porción del cupo máximo. El estadio de quince mil personas estaba lleno al cien por ciento para un partido que no era de la liga final de baseball, sino de otra etapa del torneo, y todos los tickets estaban agotados.

Alquilaron el estadio nuevamente, gastaron 10 veces más en publicidad pero solo lograron llenarlo al 60 por ciento. La mayoría de las veces, la sociedad prefiere la diversión en lugar del crecimiento personal y la educación.

Tu elección de leer este libro indica que valoras más la educación que el entretenimiento en la mayoría de los casos. No digo que elimines la entretención de tu vida. Solo analicemos lo siguiente: ¿qué hacen muchas personas en lugar de pasar tiempo valioso con su familia en las noches? Están mirando la televisión mientras están sentados o acostados en sus camas, ya sea un noticiero, una película o una telenovela.

Están intercambiando su crecimiento personal por la diversión que nos brindaría un evento o tipo de entretenimiento en particular.

La cultura y las dinámicas en las que estamos inmersos nos impiden ser productivos. Si sometemos a un ser humano a un entorno que constantemente consume su energía, atención y productividad, sin educación ni esfuerzo personal, no podemos esperar que esa persona sea productiva.

Necesitamos controlar nuestra vida, atención, enfoque mental, recursos y tiempo.

Eso nos distinguirá de la mayoría que no es productiva. Quiero compartir contigo algunos principios de productividad para lograr eso.

Capítulo 4

Manejo del tiempo laboral

Muchos empleados trabajan más de 8 horas al día, lo cual es triste. Trabajar en exceso después de las 5 se ha vuelto común en el mundo acelerado de hoy debido a la adicción al trabajo continua.

Los adictos al trabajo han adoptado las horas extra como parte de su estilo de vida. La mayoría de los empleados se siente obligada a completar su trabajo rápidamente o en el mismo día de su asignación. En mi trabajo previo, algunos trabajaban hasta tarde para terminar. Esto es absolutamente absurdo. No sacrifique su salud y vida personal para superar las expectativas de su jefe, hay mejores formas de lograrlo. En este capítulo aprenderá tácticas para llegar temprano a casa y lograr equilibrio en su vida.

Trabajo de calidad en horas

Algunos empleados pueden posponer el trabajo para la prórroga. Entonces, trabajan con mayor lentitud. Ellos tienden a distraerse durante las horas de trabajo conversando con colegas, navegando en Internet por asuntos personales y leyendo correos electrónicos con bromas de amigos.

No es aceptable por un empleado responsable. Los empleados trabajando hasta tarde genera más costos para la empresa en horas extras, y reduce su tiempo de descanso y relajación.

Si quiere equilibrar su vida, salga temprano de la oficina. Puede parecer ilógico hacerlo cuando hay muchas tareas y reportes pendientes. Al acostumbrarse, se enfocará más en su trabajo y dedicará menos tiempo a tareas no productivas.

El enfoque es lo vital aquí. Decídase a salir temprano, ya sea de manera voluntaria o forzada. Se autoimpone un plazo estricto. Si está decidido a salir temprano del trabajo, su subconsciente lo apoyará para lograrlo.

Un tip: inicie gradualmente. Puede reducir gradualmente su jornada laboral de 15 a 12 horas, luego a 10 horas y finalmente a 8 horas. Puede elegir los días de la semana en los que saldrá temprano del trabajo. El miércoles de esta semana va a regresar temprano a casa. El próximo miércoles y jueves. La semana siguiente, el lunes, miércoles y jueves.

Reduce las horas laborales semanales hasta alcanzar las 8 horas diarias.

Pero, por favor. No se marche de la oficina temprano con sentimientos de culpa e improductividad. Descansar lo suficiente y lograr el equilibrio le permitirá ser más eficiente que trabajar muchas horas. Planificar cómo manejar el trabajo del día siguiente es una forma más efectiva de usar el tiempo.

Al empezar el día, pregúntese cómo puede sentirse satisfecho al regresar a casa temprano del trabajo. En la mitad del día, revise las tareas ya realizadas y pregúntese qué más tiene que terminar para estar más enfocado en lograrlo.

Ser eficiente y productivo

Algunos factores pueden perjudicar el rendimiento del trabajador, lo cual tendría consecuencias graves tanto para él como para la empresa. Aquí se presentan algunas cosas importantes que debe tener en cuenta para lograr la eficiencia en su trabajo:

No asuma más de lo que puede manejar. La gente busca agradar a sus superiores y añaden trabajo a sus tareas ya agotadoras para obtener reconocimiento y promoción. Ignoran que cumplir los plazos les hará menos eficientes, frustrados y estresados en el futuro. Ser sincero y decirle a su jefe que no puede manejar más trabajo es la mejor opción. Si explica su situación, su jefe la entenderá y transferirá la tarea a alguien con menos trabajo.

Organice su material de oficina y archivos de manera adecuada. El desorden en un escritorio provoca desorganización. Agrupe correctamente las cosas para evitar buscarlas. (La organización se discutirá en detalle en un capítulo posterior).

3.Muévase. El ejercicio alivia el estrés y la ansiedad. Hacer ejercicio puede mejorar tu cuerpo para afrontar el trabajo. Si es posible, tome descansos regulares o estire su cuerpo durante su jornada laboral para recargarse.

4.Duerma lo suficiente. La falta de sueño puede provocar cansancio, debilidad, mermar la concentración y afectar el desempeño laboral. La mayoría de las personas duermen entre 7 y 8 horas, pero no hay una regla establecida. Algunas personas pueden estar en perfecto estado con solo 4 horas de sueño. Aprenda la cantidad de horas de sueño mínimas necesarias para ser productivo durante el día y asegúrese de dormir lo suficiente diariamente. Duerme brevemente de 15 a 30 minutos en tu descanso, si puedes. Esto le proporcionará la energía necesaria para el día completo.

5. Use dispositivos o suministros que ahorren tiempo. Firme y selle documentos para minimizar el tiempo de firma. Prefiera una laptop en vez de una computadora de escritorio si desea trabajar fuera de la oficina con mayor facilidad.

6.Consuma alimentos ligeros. Comer en un buffet al mediodía puede causarle letargo más tarde en la oficina. Permanezca vigilante, controle su ingesta alimentaria y tome un bocado si experimenta hambre en la tarde.

7. Delegado. En su trabajo, es probable que se tope con ladrones del tiempo como llamadas o correos no deseados y esperas en la cola para fotocopias. Delegar estas tareas a otros ahorraría tiempo para actividades más productivas.

Educar A Los Niños Sobre Su Estrategia Económica

Enseña gestión del tiempo a tu niño para evitar que se convierta en un procrastinador y fomentar su organización personal. Aprender esta habilidad es crucial para equilibrar responsabilidades y evitar la procrastinación.

Saber administrar el tiempo es crucial.

Todos necesitamos poseer la habilidad de administrar nuestro tiempo. Al enseñarles esta habilidad a temprana edad, siempre la tendrán disponible en su caja de herramientas vital. La lista de tareas del capítulo uno se relaciona con la gestión del tiempo. Si gestiona bien su tiempo, hacer la lista será fácil y su hijo evitará la procrastinación.

Emplee el enfoque de la lista de pendientes

Primero, enseñe a su hijo a distinguir entre lo importante y lo urgente. Lo urgente se prioriza en la lista de tareas. Si tiene menos prioridad, va después en la lista de tareas. "Ponga las tareas menos importantes al final de la lista".

Enseñe a su hijo a equilibrar su tiempo y alcanzar sus objetivos mediante el método de la lista. Por ejemplo, asista en la creación de una tabla categorizada en familia, escuela, salud o acondicionamiento físico, amigos, comunidad y desarrollo personal. Estos temas son la base de las listas subsecuentes.

Para la lista escolar, su hijo puede enlistar sus tareas. Así, el mayor valor en la lista puede ser no hacer la tarea o prepararse para un examen más importante al día siguiente. Si tiene un proyecto semanal no urgente pero importante, estaría en el ítem número 2 o más tarde. Agregue más elementos a la lista de las actividades escolares de su hijo.

Las demás categorías son idénticas. Sólo use la lista principal para el sujeto y haga que su hijo liste 3-5 cosas debajo de cada tarea. No lo presiones a hacer una lista larga, ya que está demostrando su habilidad para administrar el tiempo y no queremos confundirlo o hacerlo difícil, especialmente si se lo estamos enseñando a un niño de primaria.

Luego, debe dominar el trabajo en cada grupo y ajustarse al tiempo asignado en las listas correspondientes. Si tiene dos páginas de tarea, debe terminarlas antes de salir a jugar con sus amigos.

Tienen que revisar el primer ítem de cada categoría en el diario para crear una lista de tareas prioritarias. Puede ayudar a su niño a encontrar la salida más urgente entre estas tareas. Si el número uno en escuela es hacer deberes y en salud y fitness es caminar después de la cena,... Puede asistir en la priorización de tareas.

No existe una respuesta correcta o incorrecta sobre las tareas más importantes en la lista. Es necesario considerar las necesidades y perspectivas del autor de la lista. Pero como padre, puede enseñar a su hijo a priorizar adecuadamente. Hacer la tarea es más urgente que jugar con amigos

Un padre debe enseñar a su hijo a priorizar su tiempo y tareas correctamente.

Aprender a manejar el tiempo desde temprana edad ayuda a convertirlo en un hábito crucial para la vida. Nuestros hijos deben aprender a administrar su tiempo para las tareas cotidianas y laborales.

Las reglas de Google para crear un ambiente psicológicamente seguro

Así implementaron la seguridad psicológica en Google en la práctica:

Fomentando la confianza como la principal premisa en la dependencia de otros. Confío en que cumplirás con lo que te pido, lo cual me da seguridad y me permite contar contigo sin preocupaciones.

La estructura y claridad. Esto implica que hay claridad en las responsabilidades y funciones del equipo.

El significado. Significa que el trabajo tiene un valor para las personas ya que no es monótono y aporta a la construcción de algo positivo y mayor que ellos. Se observa una repetición constante de esta condición de productividad.

El impacto. Es importante que los miembros del equipo sientan que su trabajo tiene impacto y genera cambios.

Para garantizar la implementación real, se alentaba la realización de reuniones individuales entre los miembros del equipo y sus líderes, para comprobar las condiciones que se requerían.

Los líderes del equipo eran responsables de aplicar los 4 puntos.

Si notaban a alguien excluido, incentivaban al equipo a que lo integrara. Los líderes promueven las 4 condiciones que generan seguridad psicológica en un grupo.

Google invirtió mucho dinero para descubrir los factores que aumentan la productividad de los equipos y las personas. Lo más impactante para la productividad de sus equipos o colegas es lo que acabamos de leer, por lo que no necesitamos incurrir en ese gasto.

La aplicabilidad es simple y resume todo lo relevante sobre la productividad en grupos. Tenemos que liderar y esforzarnos por cumplir las 4 condiciones descritas por el proyecto Aristóteles de Google en nuestros equipos.

26

Técnicas maestras de productividad

Hemos explorado lo esencial y algunas prácticas avanzadas para lograr motivación genuina, emplear la productividad obligada, valorar la relevancia de las costumbres y disminuir la procrastinación.

A partir de ahora, exploraremos cómo alcanzar la máxima productividad.

Productividad total es cuando hacemos las cosas de manera eficiente, disfrutamos haciéndolas y el tiempo pasa rápidamente.

Experimentamos ese estado en ocasiones, sobre todo al hacer lo que nos gusta. Aprendamos cómo lograrlo por voluntad, en la medida de lo posible.

27

Conseguir la máxima productividad

No lograremos mayor productividad ni mejoría en nuestro trabajo en términos de velocidad y calidad que cuando estamos en un estado de flujo.

El concepto de flujo de Csíkszentmihályi es popular en algunos círculos de la psicología positiva.

¿Ha tenido momentos de concentración absoluta en los que perdió noción del entorno? ¿Qué progresaba constantemente y superaba fácilmente los obstáculos?

Tecnológicamente, fluía.

Este es el lugar clave para la eficiencia y aquí se explica cómo lograrla. Aplicaremos lo aprendido hasta ahora y continuaremos avanzando hacia ese estado ideal de manera natural.

¿Cuál es la definición de estado de flujo?

Según Csíkszentmihályi, el flujo es una motivación altamente enfocada. Una inmersión enfocada y emocionalmente positiva en un solo objetivo.

Si sientes alegría natural mientras haces algo, estás en estado de flujo.

Nos interesa este estado porque aquí alcanzamos nuestra máxima productividad, haciendo nuestro mejor trabajo de manera óptima.

www.ingramcontent.com/pod-product-compliance
Lightning Source LLC
Chambersburg PA
CBHW050254120526
44590CB00016B/2343